문학과지성 시인선 373

찬란

이병률 시집

문학과지성사

문학과지성사에서 펴낸 이병률의 시집

눈사람 여관(2013)
바다는 잘 있습니다(2017)
누군가를 이토록 사랑한 적(2024)

문학과지성 시인선 373
찬란

초판 1쇄 발행 2010년 2월 11일
초판 20쇄 발행 2025년 9월 26일

지 은 이 이병률
펴 낸 이 이광호
펴 낸 곳 ㈜문학과지성사
등록번호 제1993-000098호
주   소 04034 서울 마포구 잔다리로7길 18(서교동 377-20)
전   화 02)338-7224
팩   스 02)323-4180(편집) 02)338-7221(영업)
전자우편 moonji@moonji.com
홈페이지 www.moonji.com

ⓒ 이병률, 2010. Printed in Seoul, Korea

ISBN 978-89-320-2032-7 03810

이 책의 판권은 지은이와 ㈜문학과지성사에 있습니다.
양측의 서면 동의 없는 무단 전재 및 복제를 금합니다.

문학과지성 시인선 373

찬란

이병률

2010

시인의 말

불편하지 않은 것은
살고 있는 것이 아니리니
마음에
휘몰아치는 눈발을 만나지 않는다면
살고 있는 것이 아니리니

2010년 2월
이병률

찬란

차례

시인의 말

제1부

기억의 집　9
햄스터는 달린다　12
못　14
자상한 시간　16
내가 본 것　18
거대한 슬픔　20
생활에게　22
이 안　24
새날　26
밑줄　28
그런 시간　30
바람의 날개　32
찬란　34

제2부

창문의 완성　39
사랑은 산책자　40

사과나무　42
모독　44
온다는 말 없이 간다는 말 없이　46
일말의 계절　48
다리　50
시인은 국경에 산다　52
무심히 아무렇지도 않은 듯이　54
삼월　56
망가진 생일 케이크　58
밤의 힘살　60
얼굴을 그려달라 해야겠다　62
울기 좋은 방　64
고양이가 울었다　65

제3부

마음의 내과　69
왼쪽으로 가면 화평합니다　70
팔월　72
절연　74
불편　76
달리기　78
슬픔의 바퀴　80
별의 자리　82
굴레방 다리까지 갑시다　84
기억의 우주　86

입김　88
　　　　좋은 풍경　90
　　　　화사한 비늘　92
　　　유리병 고양이　94

제4부
있고 없고　99
무엇을 하는지도 모르면서　100
겨울의 심장　102
길을 잃고 있음에도　104
굵은 서리　106
열차 시간표　108
마침내 그곳에서 눈이 멀게 된다면　110
붉은 뺨　112
불량한 계절　114
심해에서 그이를 만나거든　116
봉지밥　118
마취의 기술　120
진행의 세포　122

해설│영혼의 두 극지 사이에 서 있는 사과나무 · 허수경　124

제1부

기억의 집

기억을 끌어다 놓았으니 산이 되겠지
바위산이 되겠지
여름과 가을 사이
그 산을 파내어 동굴을 만들고 기둥을 받쳐 깊숙한 움을 만들어
기억에게 중얼중얼 말을 걸다 보면 걸다 보면

시월과 십일월 사이
누구나 여기 들어와 살면 누구나 귀신인 것처럼 아늑하겠지
철새들은 동굴 입구를 지키고
집이 하나로는 영 좁고 모자란 나는
해가 밝으면 동굴을 파고 파고
그러면 기억은 자꾸자꾸 몰려와 따뜻해지겠지

그 집은 실뭉치 같기도 하고 모자 같기도 하며
어쩌면 심장 속 같기도 하여서
겁먹은 채로 손을 푹 하고 찔러 넣으면

보드랍고 따스한 온기가 잡혀와 아찔해진 마음은
　곧 남이 되겠다고 남이 되겠다고 돌처럼 굳기도 하
겠지

　그 집은 오래된 약속 같아
　들여다보고 살고도 싶은 여전히 저 건너일 것이므로
　비와 태양 사이
　저녁과 초저녁 사이
　빛이 들어 마을이 되겠지

　그렇게 감옥에 갇혔으면 하고 생각한다
　감옥에 갇혀 사전을 끌어안고 살거나
　감옥에 갇혀 쓸데없는 이야기나 줄줄이 적었으면
좋겠다고 생각한다

　그러기 위해 기억하는 일 말고도
　무슨 죄를 더 지을 것인가를 생각한다
　성냥을 긋거나

부정을 저지르거나
거짓말이라도 해야 하는 건 아닌가 하고 생각한다

세상을 끊는 일에 대해 생각한다
그러기 위해서는 또 태어나야 할 거라고 생각한다

햄스터는 달린다

터진 외로움이 다 무슨 소용인가

한밤중에 끝도 없이
쳇바퀴를 달리고 있는 햄스터가 걱정되어 불을 켜니

달리기를 멈추고
멀거니 불빛을 향해 몸을 바꾸는 건
외로움 때문일 거라고
무릎을 꿇고 앉아 눈을 맞추고서야
햄스터에게도 그것이 있다는 것을 알았다

많이 외롭구나
햄스터 한 마리를 키운다는 말에
누군가 내 허공에 고개를 들이밀고 했던 그 말
자꾸 달라붙는 그 말을 부정하면서
침(針)을 주듯이 우주를 타일러 잠든 밤

햄스터 쳇바퀴 소리에 문득 일어나

걸레에 물기를 적시어 먼지를 간섭하고 있는 몇몇 밤들은
그것이 아니고 다 무엇인가

그것은 밤에 가장 빨리
가장 멀리 달린다
제자리여서 더 빨리 더 멀리 달린다
아무 없는 어둠을 향한 혼자만의 곡예 혹은 생각처럼

인간의 불빛을 의지 않겠다고 마음 다잡던 날
불을 끄고서야 알았다
매일 우주를 굴리고 있다고 믿은 햄스터가
실은 별만큼 먼 외로움을 향해 달리고 있다는 것을

그러니 터져버려
둥그렇게 쥐고 있는 손아귀의 외로움 따윈 또 무슨 소용인가

못

책상을 짜러 찾아간 목공소 문간에 걸터앉아
목수를 기다립니다
토막토막 잘린 나무를 가져다 못을 박기 시작합니다
뜨겁게 못을 박다가 그만 비정을 박는 건 아닌가 하여
조금 앉아 있습니다
덩어리를 얼추 다 맞추었는데도 목수는 오지 않습니다

돌아와서 돌아와서
몇 번이고 돌아오는 버릇이 있는 나는
돌아오고 압니다
박을 것들보다
뽑을 것들이 많다는 것을

밤 늦게 산책을 나갔다가
뭐든 주워 오는 버릇이 있는 나는
그날도 남이 버린 선반을 가뿐히 들고 돌아옵니다

돌아오고 나면 또 압니다
못을 칠 수 없다는 것을

한 사람 심장에 못을 친 사실을
이후로 세상 모든 벽은 흐느끼고 있다는 사실을 생각합니다
그 바람에 벽을 다 써버렸다는 사실도

자상한 시간

의자가 앉으려 하고 있다

사람은 사람을 서로 아프게 하여
스스로 낫기도 하겠다는데
나는 한사코 혼자 앓겠다는 사람 옆에 있다

의자는 의자에 앉으려 애쓰고 있지만
꽃과 이 사람은
무엇을 애써 누르려 한 적도
살겠다고 애쓰는 것도 본 적이 없다

어둠이 소금처럼 짠 밤에
병이란 것과
병이 아닌 것을 아는 시간이 뜨겁게 피었다

의자를 의자에 앉힐 수 없어
풀과 나무들과
공기들의 땀 냄새를

마시고 녹이는 사이

그 바깥은
죽을 것처럼 맞춰진 시간들이
다시 죽을 것처럼 어긋나고 있었다

까치야
소용없단다
이 밤에 아무리 울어도
기쁜 일은 네 소관이 아니란다

내가 본 것

눈에 뭔가 들어가 있다. 괜히 필요하지도 않은 눈물을 흘렸고 그것도 모자라 인공 눈물까지 샀다. 병원은 커다란 안경을 통해 내 눈동자를 들여다보았다.

유리 조각이 박혀 있다고 했다.

기다란 바늘이 눈으로 들어왔다. 손가락으로 두려움을 움켜쥐는 사이, 눈은 수면처럼 출렁한다. 빛난다고밖에는 말할 수 없는

유리 조각이 바늘 끝에 끌려나오고 있었다.

눈 내리는 하얀 밤을 잊을 뻔하였고 그 거리의 무성한 힘들의 기억을 잃을 뻔하여서 나는 말했다. 그 유리 조각을 저에게 주세요. 병원은 작은 병 속에

유리 조각을 담아주었다.

조각은 날카롭기보다 푸르렀다. 박히기는 좋으나 찌르기엔 부족한 조각은 턱으로 밝기를 받치고 있었다. 여태까지 본 모든 것을 기억하겠다는 것은 살아온 것보다 본 것이 더 단단하리란 것을 믿기 때문일 것이나

유리 조각은 내가 본 모든 것을 가지고 갔다.

나는 불필요한 부위를 영원히 떼어내기라도 한 듯 모호하게나마 마음이 간절해졌다.

거대한 슬픔

사실 하나의 주스 팩만 한 감정

박혀 빠지지 않는 것이 있다
오후의 정원 얼굴 가득한 여인네의 인상이나
벽을 뚫고 자라는 나무의 건장한 뿌리
칸칸이 기둥을 오르는 개미 떼
흔들어도 떨어지지 않고 털어지지 않는,

죽음의 기미를 받아들인 꽃의 허리
핏기와 살기(殺氣)
사랑의 숨을 받치고 있는 팔뚝

분침의 나사가 풀려 축 늘어졌는데도
하염없이 움직이는 시침
그림의 맨살 속에 감춰둔 은유

이 심해를 버릴 수가 없다

숨기고 싶다면
또 꺼낼 수 있을지를 판단해야 하겠지만

녹은 쇠가 한번 붙으면 떨어지지 않는 것처럼
불로 지져 붙어 떨어지지 않는 이 슬픔
나는 조금 뒤로 물러설 차례가 되었으니
누가 내 형제들에게 술을 좀 나눠주라

생활에게

일하러 나가면서 절반의 나를 집에 놔두고 간다
집에 있으면 해악이 없으며
민첩하지 않아도 되니
그것은 다행한 일

나는 집에 있으면서 절반의 나를 내보낸다
밭에 내보내기도 하고 비행기를 태우기도 하고
먼 데로 장가를 보내기도 한다

반죽만큼 절반을 뚝 떼어내 살다 보면
나는 어디에 있는 것이 아니라
어느 곳에도 없으며

그리하여 더군다나 아무것도 아니라면 좀 살 만하지 않을까

그중에서도 살아갈 힘을 구하는 것은
당신도 아니고 누구도 아니며

바람도 아니고 불안도 아닌
그저 애를 쓰는 것뿐이어서
단지 그뿐이어서 무릎 삭는 줄도 모르는 건 아닌가

이러니 정작 내가 사는 일은 쥐나 쫓는 일이 아닌가 한다
절반으로 나눠 살기 어려울 때는
내가 하나가 아니라 차라리 둘이어서

하나를 구석지로 몰고 몰아
잔인하게 붙잡을 수도 있을 터이니

이 안

혹시 이 안에 계시지 않습니까

나는 안에 있다
안에 있지 않느냐는 전화 문자에
나는 들킨 사람처럼 몸이 춥다

나는 안에 살고 있다
한시도 바깥인 적 없는 나는
이곳에 있기 위하여
온몸으로 지금까지 온 것인데

문자는 그것으로 그치지 않는다

혹시 여기 계신 분이 당신 맞습니까

나는 여기 있으며 안에 있다
안쪽이며 여기인 세계에 붙들려 있다

나는 지금 여기 있는 숱한 풍경들을 스치느라
저 바깥을 생각해본 적 없는데
여기 있느냐 묻는다

삶이 여기에 있으라 했다

새날

가끔은 생각이 나서
가끔 그 말이 듣고도 싶다

어려서 아프거나
어려서 담장 바깥의 일들로 데이기라도 한 날이면
들었던 말

자고 일어나면 괜찮아질 거야

어머니이거나 아버지이거나 누이들이기도 했다
누운 채로 생각이 스며 자꾸 허리가 휜다는 사실을
들킨 밤에도
얼른 자, 얼른 자

그 바람에 더 잠 못 이루는 밤에도
좁은 별들이 내 눈을 덮으며 중얼거렸다
얼른 자, 얼른 자

그 밤, 가끔은 호수가 사라지기도 하였다
터져 펄럭이던 살들을 꿰맨 것인지
금이 갈 것처럼 팽팽한 하늘이기도 하였다

섬광이거나 무릇 근심이거나
떨어지면 받칠 접시를 옆에 두고
지금은 헛되이 눕기도 한다
새 한 마리처럼 새 한 마리처럼 이런 환청이 내려
앉기도 한다

자고 일어나면 개벽을 할 거야

개벽한다는 말이 혀처럼 귀를 핥으니
더 잠들 수 없는 밤
조금 울기 위해 잠시만 전깃불을 끄기도 한다

밑줄

역전 식당은 사람들로 붐볐습니다
식당으로 들어가 자리에 앉았습니다

한 여자가 합석을 했습니다
주문을 하고 눈 둘 곳 없어 신문을 가져다 들추었습니다

시킨 밥이 나란히 각자 앞에 놓이고
종업원은 동행인 줄 알았는지 반찬을 한 벌만 가져다 주었습니다

벌 한 마리 안으로 들어오려는 건지
도리가 없는 건지 창문 망에 자꾸 부딪혔습니다

그 많은 사람들도 그릇에 불안을 비비는 소리를 냈을까요
새로 들여놓은 가구처럼 서름서름 마음을 설쳤을까요

배를 채우는 일은
뜻밖의 밑줄들을 지우는 일이겠습니다만

식사를 마칠 때까지
여자도 나도 반찬 그릇엔 손을 대지 않았습니다

그런 시간

일본 사람들은 젊은 날
히말라야의 깊고 높은 산을 오른 기억으로

죽음의 시간을 눈치 챌 때가 오면
다시 그곳을 찾아
대열을 이탈해 혼자 사라진다지

크레바스를 만들며 속으로 사라지는 거겠지
가야겠으니
가야겠으니
몸으로 안간힘으로 틈을 넓히는 거겠지

나는 일요일의 계시적인 영역에 있고
아홉 시간을 아무것도 소진하지 않아도 된다

생각하기 좋은 버스를 타거나
강을 보러 가는 것이 아니라

혼자 있는 풍경을 참견하는 것
실내의 속도로 녹는 것

아차, 닫히지 않는 서랍을 신중히 밀어볼 것

바람의 날개

  산에 올라 두리번거렸다
  나무 그림자가 사라질 때까지 걷고 걸어 나무 하나를 찾았다
  나무를 찾고 산의 마음에 표시를 하였다
  반을 얻었다

  다시 나무 하나를 찾았다
  하지만 아직은 서쪽으로 더 자랄 일이 있는 나무여서
  나무에 돌을 매달고 다시 산의 마음에 표시를 하였다

  일 년쯤을 기다려 두 나무에서 큰 가지 하나씩을 베었다
  사개를 맞대고 질빵을 걸으니
  반은 절반을 마주 보며 어깨가 되었다
  어깨 위에 또 하나의 어깨를 메고
  그 위에 세상을 얹고 걸어나갔다
  돌아오지 않을 것처럼 세계를 지났다

한번 얻은 지게는 버릴 것이 못 되었다
어깨를 자른대도 지게는 나를 따라왔다
내 살을 지고 내 터를 지고 풍경마저 한몸처럼 옮겼다

누구나 죄진 사람같이 지게로 태어나
죄처럼 업혔던 시절이 있었다

업힌 것이 날개인 줄 알고
퍼드득퍼드득 살려고도 하였다

찬란

겨우내 아무 일 없던 화분에서 잎이 나니 찬란하다
흙이 감정을 참지 못하니 찬란하다

감자에서 난 싹을 화분에 옮겨 심으며
손끝에서 종이 넘기는 소리를 듣는 것도
오래도록 내 뼈에 방들이 우는 소리 재우는 일도
찬란이다

살고자 하는 일이 찬란이었으므로
의자에 먼지 앉는 일은 더 찬란이리
찬란하지 않으면 모두 뒤처지고
광장에서 멀어지리

지난밤 남쪽의 바다를 생각하던 중에
등을 켜려다 전구가 나갔고
검푸른 어둠이 굽이쳤으나
생각만으로 겨울을 불렀으니 찬란이다

실로 이기고 지는 깐깐한 생명들이 뿌리까지 피곤한 것도
 햇빛의 가랑이 사이로 북회귀선과 남회귀선이 만나는 것도
 무시무시한 찬란이다

 찬란이 아니면 다 그만이다
 죽음 앞에서 모든 목숨은
 찬란의 끝에서 걸쇠를 건져 올려 마음에 걸 것이니

 지금껏으로도 많이 살았다 싶은 것은 찬란을 배웠기 때문
 그러고도 겨우 일 년을 조금 넘게 살았다는 기분이 드는 것도
 다 찬란이다

제2부

창문의 완성

다음 계절은 한 계절을 배신한다
딸기꽃은 탁한 밤공기를 앞지른다
어제는 그제로부터 진행한다
덮거나 덮힌다
성냥은 불을 포장한다
실수는 이해를 정정한다
상처는 상처를 지배한다
생각은 미래를 가만히 듣는다
나중에 오는 것은 적잖이 새로운 것
네가 먼저 온다 시간은 나중에 온다
슬프게 뭉친 것은 나중까지 오는 것이다
희부연 가로등 밑으로도 휑한 나뭇가지로도 온다
한번 온 것은 돌아가는 길을 생각하지 않으며
어떤 시험도 결심도 않는다
시간은 나중 오는 것이다 네가 먼저 오는 것이다

사랑은 산책자

마음이 마음을 흠모하는 것
줄 서는 것 떠드는 것
시간이 시간을 핥는 것

서서히 차오르는 것
그러고도 모른 체하는 것
소멸하는 것으로 존재하는 것

그러니까 뼈를, 그것도 목뼈를 살살 분질러뜨리는 것
서서히 떨어지는 속도를 보이는 것

새를 참견하는 것
주책없이 경치에 빠지는 것
장막 하나를 찢어 지독하게 덮어버리는 것
견딜 수 없이 허우적대는 것이 스스로의 요구인 것

의욕하자니 힘이 되는 것
왼쪽으로 갈까 오른쪽으로 갈까

방향을 얼버무리는 것

모퉁이를 돌기 위해 짐을 꾸리거나
주변을 무겁게 하지 않는 것
주소를 버리고 눈을 감는 것

사랑은 산책하듯 스미는 자,
산책으로 젖는 자

사과나무

 사과나무를 사야겠다고 나서는 길에 화들짝 놀란다 어디에 심을지 아니면 어디에 기대 놓을지를 생각하다 혹 마음에 묻으려고 하는 건 아니냐고 묻는다 이 엄동설한에 사과나무는 뭐하게요 없다고 말하는 화원의 사내는 사과나무 허리 같은 난로를 껴안고 있다

 나에게 혹 웅덩이를 파고 싶은 건 아니냐고 되묻는다 그 웅덩이에다 세상 모든 알들을 데려다 버리고 욕 묻은 손들을 데려다 숨기면서 조금 나아지려는 게 아니냐며 나는 난로 대신 두툼한 머리 언저리를 감싼다

 사과나무를 사려했던 것은 세상 모든 물체가 서로를 끌어당기고 있다는 만유인력을 보고자 했던 것이므로 누군가 만유인력을 알아차렸다는 그 자리로 간다 사력을 다해 간다

 숲과 대문, 그 사이에 사과나무가 자라고 있었다 누구나 저 사과나무한테 빚진 게 있다 어디 먼 데서 오는

길이냐고 물어오지도 않고 낙과들을 지키고 서 있는
나무는 장엄하였다 그 나무 아래 누군가가 내려놓은
수많은 가방들이 있었다 누구나 들여놓아야 할 가방이
있다

　문득 누군가 만유인력을 알아차렸다는 그 나무 밑에
함부로 혼자 있고 싶은 것은 다 그런 이유 때문

모독

내가 당신을 먹는 풍습에 관하여
할 말이 있다면 당신은 해보라

내가 끔벅끔벅하는 것은
감정을 연장하자는 것도 아니고
소리를 치지 못해서도 아니다

암굴로 데려와 맨발로 당신을 먹는 것은
극지에 모아둔 당신을 일으켜 살기를 채우는 것

깜깜한 당신의 시간을 갈아엎는 것은
환멸의 뼈를 발라 거는 것

먹으면 죽어서 달의 빛이 되고
당신의 비명으로 출처가 남겠지만

당신은 낡아가야 하리라
너무 많은 절박조차도 마르게 했으므로

그러나 끝도 없이 고단했던 당신의 몸

당신을 피할 수는 없었으리라
존재하느라 몸을 떨어 감정을 파먹었던 당신을

당신이 숱하게 피를 먹던 기록을 지우는 것이니
 내가 이리도 한사코 먹겠다는 것은 나란히 소멸하
자는 것이다

그러니 당신은 찢기면서도 그리 알라

온다는 말 없이 간다는 말 없이

늦은 밤 술집에서 나오는데 주인 할머니
꽃다발을 놓고 간다며
마늘 찧던 손으로
꽃다발을 끌어안고 나오신다

꽃다발에서 눈을 떼지 못하는 할머니에게

이 꽃다발은 할머니한테 어울리네요
가지세요

할머니는 한사코 가져가라고 나를 부르고
나는 애써 돌아보지 않는데

또 오기나 하라는 말에
온다는 말 없이 간다는 말 없이
꽃 향은 두고
술 향은 데리고 간다

좁은 골목은
식물의 줄기 속 같아서
골목 끝에 할머니를 서 있게 한다

다른 데 가지 말고
집에 가라는 할머니의 말

신(神)에게 가겠다고 까부는 밤은
술을 몇 잔 부어주고서야
이토록 환하고 착하게 온다

일말의 계절

아무도 밟지 말라고 가을이 오고 있다
무엇이든 훔치려는 손을 내려놓으라고 가을은 온다
힘 빠지는 고요를 두 손으로 받치듯
무겁게 무겁게 차오르는 가을

가을이 와서야 빨래를 한다
가을이 와서 부엌 불을 켜고 국수를 삶다가
 움켜쥔 것들이 손가락 사이로 빠져나가도록 내버려
둔다

먼 길에서 돌아와 듣는 오래전 남겨진 메시지
우편물이 반송되었으니 찾아가시기 바랍니다

마련할 것이 없었으므로
생에 단 한 번 우체국을 찾아 보낸 것이 있다
계절이 오는 것도 다 받아내지 못하는 우체국으로
보낸 것이 되돌아왔다

되돌려 받기를 잘했다
괜히 알지도 못하는 이에게 생의 부분을 보냈다

파는 것인지 가져가라는 것인지
길 앞에 쌓아놓은 가을 낙과를
하나쯤 가져가도 좋겠다

다리

환한 대낮에 절고
저녁이 다 오면 편다
직업적으로 절고
인간적으로 편다

그사이 슬픈 마음이 돋아 저절로 펴지기도 하지만
절어야 할 때를 모르고 펴기도 한다

공처럼 구르다 활처럼 멈춰 서봐도
좀처럼 휜 허리가 펴지지 않는 어슬한 밤
종일 다정(多情)한 것이며 허풍으로 애쓴 다리를 뻗
는다

사는 연습을 하느라 절고
그것이 억울하여 편다
근황을 이을 것이 없어 절고
하루 일을 일러바치듯 편다

삶이 많은 것은
숱한 가지에 거짓을 매달 수 있기 때문
그러니 거짓을 따듯 마음을 접고
위험을 따서 치우듯 마음을 편다

삶을 줄이기 위해 다리의 힘을 쓴다
그러기 위해 사원의 바닥 한 평씩을 다리로 쓴다

세상도 내 다리에 긴요히 심부름을 시키나니
나는 낮에 다리를 절고 밤에 다리를 편다

시인은 국경에 산다

시인의 집에 들러 저녁 때가 되었다

일 마치고 들어온 시인의 아내는
하루 종일 집에 있던 시인과
시인의 손님을 위해 밥을 지어 차려주었고
나는 밥을 먹고 일어나 시인의 방에 들어가 서성인다

무심코 책 한 권 뽑아들었는데
책장 저 안쪽에 보이는 반 병의 말간 소주병

밥을 다 먹고 따라 들어온 시인은
도로 나가 먹다 남은 반찬과 술잔 하나를 챙겨들고 와
방문을 닫아걸었다
숨겨놓은 술병을 열었다

벌어진 문 틈새로 설거지 소리 굉장히 들리고

밥 짓는 냄새 격하게 문틈으로 쳐들어왔다
다시 아무도 살지 않는 집처럼 바깥은 조용했다
갑작스런 바깥의 고요를 물으니
이른 출근을 위해 아내는 잠을 자는 중일 거란다

짠물을 다 나눠 마시고
더 이상 쓸쓸할 일 없는 작은 판을 치운다

대문을 잠글 줄 모르지만
방문은 잠글 줄 아는 시인의 집을 나오는데
시인의 운명을 수군대는 달빛 참 의뭉하게 가깝다

무심히 아무렇지도 않은 듯이

당신은
엄지손가락 하나가 없다

나사를 풀어버린 것 같다는 농담이 잠시 내 손가락
을 스치지만
손을 가리는 당신이
보여주지 않으려 조심하는 손

왜 그랬어요
나도 모르게 성큼 튀어나온 말에 실내등이 불안정
했다
잘렸을까
잘랐을까
그때는 잠시였을까
손가락이, 몸에서 떨어져나간 시간이 깊이 패어
그 순간부터 지금까지 손은 아팠던 것이며
기억할수록 아파야 할까

당신 때문에 내가 열인 것을 알겠다

사람들은 얼굴이 둥글게 태어났다
무심히 얼굴이 네모진 사람만 빼면
사람들은 모두가 착하다
무심히 문제를 일으키는 사람을 빼면

우리들은 누구나 죽는다
생몰년 뒤에 ? 표시를 한 사람을 제외하면
우리들은 누구나 마른 양말을 신는다
빗물이 스미지만 않는다면

마주 잡은 손 꼭 잡지 못하는
당신은 손가락 아홉 개가 있다

삼월

따뜻하다,고 해야 할 말을
따갑다,라고 말하는 사람과
한계령을 넘었지요

높다,라고 하는 말을
넓다,라고 말하는 사람과
한계령에 있었지요

깊이 목을 찔린 사람처럼
언제 한번 허물없이 그의 말에 깊이 찔릴 수 있을까
생각했지요

첫눈이 나무의 아래를 덮고
그 눈 위로 나무의 잎들이 내려앉고
다시 그 위로 흰 눈이 덮여
그 위로 하얀 새의 발자국이 돋고

덮이면서도 지우지 않으려 애쓰는

말이며 손등이며 흉터

밖에는 또다시 눈이 오는데
당신은 그것도 모르고 잠들어 있었지요

밖에는 천국이 지나가며 말을 거는데
당신은 그것도 모르고
눈 속에 파묻히는 줄도 모르고

당신이 모르는 것은 하나가 아니었지요

망가진 생일 케이크

흰 것은 슬프다

바나나와
못과 반지

배수관과 철길

새우의 허리와
눈송이의 산란한 낙하와
옷걸이의 모서리까지 치자면

늘어진 것이 아닌
흰 것들의 우아함은
죄의 방향을 닮았다

뭔가를 골똘히 생각하는 소란들을 다 담으려는 듯
부풀어 오르고 점점 휘어지는

어느 근원을 향해 차려진
아주 오래된 광기

밤의 힘살

기차 소리를 들으며 살 수 있을까 하여 얻은 집에서
멀지 않은 곳에 기차 건널목이 있었다
기차 소리를 들은 적은 별로 없었고
늦은 밤 철길을 걸어보는 것이 고작이었던 시절
내가 가장 좋아하는 것은 밤이었다

그날도 어느 깊은 밤이었다
그 시간이면 늘 꺼져 있던 기차 건널목 막사 안에서
어떤 안간힘이 들려왔다
밖에서 뭔가를 던졌는지 막사 창문이 뚫려 있고
그 안을 들여다보니 어둠 속에서
누가 누군지 분간이 어려운 두 몸뚱이가 사투를 벌이고 있었다

엉망으로 뒹구는 두 사내를 겨우 말리고
더듬어 불을 켜려는 사이
어둠 속으로 도주하는 피의(被疑)의 사내

유리 조각을 밟아 피를 흘리던 맨발의 건널목지기가
달아나는 사내를 쫓기 시작했다

어둠 속에서 두 사람이 만난 것은
그리 한 번뿐이어도 족하리라

동그랗게 파인 유리창과
슬리퍼를 신은 내 발치에 놓인 벽돌 한 장의 증거
건널목지기가 돌아와 무릎을 꺾으며 억울해해도
 내가 한 일은 무릎에 힘을 들여 분란으로부터 멀어
지는 일

 세 사람이 마주친 것은 없던 일로 하자는데
 그 밤의 철길로부터
 모진 밤의 힘살이 나를 자꾸 덮쳤다

얼굴을 그려달라 해야겠다

세상 끝에 편의점이 있다니
무엇을 팔까

장화를 팔까
얼음 가는 기계를 팔까
이 여름 냄새를 팔까

여즉 문을 닫지 않았다면
그림을 그려달라고 해야겠으니
생각나는 한 사람 얼굴을 그려달라고 해야겠으니
도화지가 있느냐 물어야겠다

사람은 가장 사랑했던 사람의 얼굴로
다시 태어난다 하니

주인에게 그림을 그려달라 해야겠다
얼굴 그림을 그려달라 해야겠다

그 그림이 나의 얼굴이거나
혹은 한 사람의 옆얼굴이어도

얼은 영혼이란 뜻이라니
굴이라는 말이 길이라는 뜻이라니

세상 모든 나머지를 파는 편의점에 가서

조금만 틈을 맞추고 와야겠다
세상 끝을 마주하다가 낯을 씻고
아주 조금만 인사를 하고 와야겠다

울기 좋은 방

네가 묶여 있다
의자에 있다

눈 내리는 천장 없는 방에
별이 가득 차고 있다

화살나무가 방 안으로 자라기 시작한다

너도 나도 며칠째 먹지 않았으니
이 모든 환영은 늘어만 간다

이리도 무언가에 스며드는 건
이마에 이야기가 부딪히는 것과 같다

묶어둔
너를 들여다보는 동안
나는 엎드려 있다

나는 너에게 속해 있었다

고양이가 울었다

고양이 한 마리가 동네 골목에 살았다
검은 비닐봉지와 살았다

검은 봉지 부풀면 그것에 기대어 잠들었고
검은 봉지 위로 빗물이 떨어지면
그것을 핥아 먹으며 살았다

어느 날 검은 봉지가 사라졌다
바람에 날리기도 하였을 것이고
누군가 주워가기도 하였을 것이나
아주 어려서부터 기대온 검은 봉지를 잃은
고양이는 온 동네를 찾아 헤매다
죽을 것처럼 아프기 시작했다

검은 봉지를 형제 삼아 지내온 날들
고양이가 울었다
잠든 형제를 위해 자꾸 자리를 비켜주던 날들
뼛속으로 뼛속까지 바람이 불었다

제3부

마음의 내과

 이 말이 그 말로 들릴 때 있지요 그 말도 이 말로 들리지요 그게 마음이지요 왜 아니겠어요 몸피는 하나인데 결이 여럿인 것처럼 이 사람을 귀신이라 믿어 세월을 이겨야 할 때도 있는 거지요 사람 참 마음대로지요 사람 맘 참 쉽지요 궤짝 속 없어지지 않는 비린내여서 가늠이 불가하지요 두 개의 달걀을 섞어놓고 섞어놓고 이게 내 맘이요 저것이 내 맘이요 두 세계가 구르며 다투는 형국이지요 길이가 맞지 않는 두 개의 자(杓)이기도, 새벽 두 시와 네 시 사이이기도 하지요 써먹을 데 없어 심연에도 못 데리고 가지요 가두고 단속해봤자 팽팽히 와글대는 흥부의 소란들이어서 마음은 그 무엇하고도 무촌(無寸)이지요

왼쪽으로 가면 화평합니다

왼쪽으로 가면 마을이고 오른쪽으로 가면 바다입니다
마을을 가려면 삼 일이 걸리고 바다로 가려면 이틀이 걸립니다
삼 일은 내 자신이고 이틀은 당신입니다

혼자 밥을 먹다 행(行)을 줄이기로 합니다
찬바람에 토하듯
나무가 잎을 떨구는 것과 마찬가집니다

스친 것으로 무슨 인연을 말할 수 있을 것이며
날아오른다고 하여
이 과도한 행을 벗어나거나 피할 수 있을 것인지

물가에 내놓은 나는 날마다 물가에 가 닿지 못하고
풍만한 먼지 타래만 가구 옆에 쌓아갑니다

춤을 추겠다고 감히 인생을 밟은 것도 아닌데

왜 나는 날마다 치명적 오류 속에 있습니까

참으로 나는 왼쪽으로 멀리 가다가도
막을 수 없어서 바다로 갑니다

팔월

햇살은 그런대로 칠월의 사고들을 비추고 있습니다

날개 없는 새가 그리 날아갈 수는 없을 거라고
생각하는 동안
칠월은 가난했습니다
더군다나 한 번도 무언가에 쓸려갈 거라 생각하지
않았습니다

이 생은 도처에 나를 너무 낳았습니다
어쩌면 나를 버릴 때도 올 것 같아서였습니다

차도 위 사람이 쓰러져 누운 형태로
그어진 흰 선 모양은
칠월을 지나는 길에 누워 있는 나입니다
언젠가 한번은 수박 더미가 깨져 뒹굴던 그 자리임
이 분명합니다

그렇게 힘이 든다면 안녕,

햇살은 일부분을 지우는 나를 주의 깊게 비추고 있습니다

흰 줄 아래
날개를 퍼득이며 나는 뒤틀리고 있습니다
없어지고 있습니다

강이 보일 때까지 달리자던 약속은 끊고
안녕,
칠월은 가난했습니다

절연

어딘가를 향하는 내 눈을 믿지 마오
흘기는 눈이더라도 마음 아파 마오
나는 앞을 보지 못하므로 뒤를 볼 수도 없으니
당신도 전생엔 그러하였으므로
내 눈은 폭포만 보나니

믿고 의지하는 것이 소리이긴 하나
손끝으로 글자를 알기는 하나
점이어서 비참하다는 것

묶지 않은 채로 꿰맨 것이 마음이려니
잘못 얼어 밉게 녹는 것이 마음이리니

눈 감아도 보이고 눈을 감지 않아도 보이는 것은
한 번 보았기 때문
심장에 담았기 때문

눈에 서리가 내려도 시리지 않으며

송곳으로 찔러도 들어가지 않는 것은
볼 걸 다 보아 눈을 어디다 묻었다는 것

지독히 전생을 사랑한 이들이
다음 생에 앞을 못 본다 믿으니
그렇게라도 눈을 씻어야 다음 생은 괜찮아진다 믿나니

많이 오해함으로써 아름다우니

딱하다 안타깝다 마오
한 식경쯤 눈을 뜨고 봐야 삶은 난해하고 그저 진할 뿐
그저 나는 나대로 살 터 당신은 당신대로 살기를
내 눈이 허락하는 반경 내에서 연(緣)은 단지 그뿐

불편

어젯밤 구걸하던 이를 찾습니다
내가 완강히 지나쳤으며 왼쪽 곁을 지나친 자입니다

어둔 밤 나에게 손을 내민 것인데
큰 칼을 내 심장 깊숙이 집어넣을 것 같아
피하려는 기색 감추느라
그가 다 지나간 다음에야 미친 듯 심장이 뛰었던 이

그를 피하고서야 그가 멀리서 왔다는 걸 알아차립니다

어젯밤 내 왼쪽 곁으로 스쳐 지나간 이를 찾습니다

  심장을 가라앉히고 어둠 때문에 어슷해 보이는 길 한쪽에
   차에 치여 죽은 고양이 주변으로 몰려든 어린 고양이들
   시체를 혀로 핥으며 감정을 나누고 있었습니다

아무것도 주지 못했습니다
하여 여태 서늘한 내 왼쪽을 데워줄
어제 늦은 밤길 구걸하던 이
맵게 손목을 잡아 골목으로 끌고 가
이 어쩔 줄 모르는 삶의 방도를 조용히 물을
그 새〔鳥〕처럼 마른 이
못 보셨습니까

달리기

―어디 가?
돌이 돌에게 묻는다
―멀리로
돌이 돌에게 대답한다
그 후로 아무 일도 일어나지 않았고
멀리로 가겠다는 돌도 움직이지 않는다
둘 사이 두 척의 거리가 몸살하고 있다

―간다믄서?
십수 년 만에 돌이 돌에게 묻는다
―가야지
돌은 돌에게 결행을 알리고
돌은 곧 떠나겠다는 돌을 지켜봐준다
그 바라봄이 다시 십수 년을 먹어치운다

여전히 둘 사이를 지키는 지척의 거리
 늘상 같은 바람이 불고, 평소처럼 날이 어둑어둑해진다

어디 먼 데서 굴러 온 실뭉치가
기다리는 돌의 가슴 한가운데 길을 낸다

오지 않겠냐며 떠나겠다던 돌이 묻는다
기다리던 돌은 한참을 생각하는 듯하더니 그러마고 대답한다
다시 기다린 세월만큼이나 더 기다리는 날들이 계속되고

좀처럼 좁혀지지 않는 질기디질긴 두 척의 시간

슬픔의 바퀴

문상 간 날 밤

문상 온 사람들이 엉거주춤 세워둔 차 한 대 때문에
늦도록 돌아가지 못하고 있습니다

상주들과 문상객 여럿이서
달빛이 내려앉아 더 무거워진 차를 들어 옮깁니다

누군가 구령을 앞세우면
한 뼘만큼 차를 옮기고

이영차 이영차 박자에 맞춰
한 뼘만큼 차를 옮기고

어떻게 신은 한 사람 안에다
한 사람을 들여놓게 만들었는지

상주들의 슬픔도 한 뼘씩 물러납니다
그럴 때마다 달의 바퀴도 한 뼘씩 옮겨집니다

이별합시다
이별합시다

예감을 받아들이는 일과
끊어지는 것을 잡지 않고도 몸이 기우는 것과

햇살도 기운이 없을 때에 헤어집시다
사무치게 치솟는 질량을 모른 척합시다

사설 없이 공명한 적막처럼
얇고 얇은 종잇장 둘이 겹쳤던 것뿐이니

잊읍시다
잊읍시다

이 별 위에
점 하나 찍읍시다

별의 자리

누가 저 별들의 이야기를 지었을까
저 모험들을
저 유순한 이름들을
그 참담한 기억들을 불러냈을까

기린, 물병, 고래

누군가 그었을까
이 별과 저 별의 마음을

여름하늘에서 가을하늘로
막이 바뀔 때마다
가을하늘에서 겨울하늘로
장을 넘길 때에도
우수수 아까움들을 쏟아내는 저 별들의
적막한 이야기들

누가 밤새 흔드는 걸까
저 별들이 부딪히는 소리로 하여금

나 또한 별이라는 사실을 알게 하는 소요를
누가 꺼내자는 것일까

화살, 궁수, 백조

선연히 잠 못 이루고
올려다보고 또 올려다보며
밤하늘의 생각을 참견한 것은
혼자가 아니라
자고이래 함께 얼굴을 부비자고 줄을 댄 것일까

이쪽의 마음이 되게 하고
저 건너의 마음을 벗어
둥글게 둥글게 살라는 말로 들리는
저 별들의 이야기를

그 누구에게
무엇으로 갚아야 셈이 될까

굴레방 다리까지 갑시다

버스를 타고 처음으로 그곳을 지날 적에
그곳은 어떤 곳일까 생각하였습니다

굴레방 다리 앞

의문이 들 적마다 몇 번 굴레방 다리 앞에 내려서도
물 저장소가 있을까
또르르 길게 말린 터널 같은 곳일까
거적을 뒤집어쓰고 살 만한 안온한 곳일까 궁금하였습니다

그곳을 맥없이 혹은 격하게 그리워하는 사이
굴레방 굴레방 중얼거리면
거슬러 받는 기분이 되는 걸 알았습니다
그러니 어느 날엔가는 무작정 택시를 잡아타고 말하는 것입니다
굴레방 다리까지 갑시다

굴레방 다리에 도착해서도
체한 것 같은 기분이 나아지기는커녕
굴레방 다리는 이곳이 아닌 것만 같은 것입니다

마음이 정한 굴레방 다리는
내가 터를 잡은 곳으로부터 북쪽에 있어야 하고
아무리 맘속을 헤집어도 찾을 길 없어야 하고
선뜩선뜩 무슨 일이 일어날 듯이 바람 부는 곳입니다

무진히 영원히 찾을 수 없는 곳 하나
유리 조각처럼 가슴팍에 찔러본다는 것은
어찌어찌 터지는 끝을 막아보자는 것입니다

기억의 우주

고개를 든 것뿐인데
보면 안 되는 거울을 본 것일까

고통스레 관계를 맺은 기억들,
기억의 매혹들이
마지막인 것처럼 몰려오고 있다
이제 쓰거운 것이 돼버린 파문들을
단숨에 먹어치우고 끝내버리자는 것일까

하나의 지구를 녹이고
또 하나의 지구를 바꾸게 되었다
기억하고 있다면 기억하지 말라는 듯
우주는 새들을 풀어놓았다
무엇으로 다시 천지를 물들일 것인가를
곰곰이 생각한 듯

소멸하지 않는 기억의 우주를
쌓이고 쌓이는 외부의 내부를

어쩌자고 여기까지 몰고 와서는
안정하지 못하는 것일까

해를 보면 어두워지는
달을 보면 환해지는 기억들은
왜 적막하게 떠돌지 못하고
우주에 스미는 것일까

입김

가볍게 입김으로 용서해다오
발정 난 종아리에
가볍게 입김을 부어다오

잘못과 방랑과
아무것에나 아무한테나 아니다라고 말 뱉은
내 사막을 끝나게 해다오

저녁이 오고 새들이 세상을 지우려 해도
거짓한 내 능청과 황폐를
매 맞게 해다오

입김으로 감자를 싹 나게 해다오
입김으로 살찌게 해다오

나 죽어서도 한 오십 년 입김을 뱉게 해다오

그리해다오

내장이 외워대는 잡설들을
감히 손 뻗었던 낙원들을
모두 문 닫게 해다오

소슬히 빈집의 장판을 들추는 일
그 빈집 습기로 허물어지는데도
광휘를 보겠다고 지켜 서 있는 나를 배웅해다오

넘어서다오

가볍게 입김으로
가볍게 입김으로
나를 파다오

좋은 풍경

의사 선생님 자주 발뒤꿈치를 들고 내 맨몸을 봅니다
혁명을 하기에 좋은 몸인가요
걸식의 허둥지둥하는 몸인가요

그 할 일 없는 몸뚱이도
마땅히 할 일을 하지 않은 몸뚱이도 다 저녁때엔 뼈근하니
시간을 썼기 때문이지요
풍경을 먹어치워서지요

씹을수록 찬 맛이 나는 풍경은
정신을 붓게 합니다

괜히 몸을 부려 이 풍경을 보자고
여기까지 온 것을 후회하는데
문득 늑골이 아픕니다

의사 선생님
이래서 좋은 풍경 앞에서는 둔중한 것이 나은가요

그러니 포식한 자가 운다는 것은
그 얼마나 몸을 달래려는 것인가요

화사한 비늘

오후 네 시의 약속
출판사 문학과경계에 들러
커피 한잔을 얻어 창밖을 내다보는데
널찍한 중학교 운동장이 훤하다
농구 골대 보드에 부착된 라면 광고
농심 오징어짬뽕
자꾸 짬뽕 그릇에 공을 빠뜨리는 아이들
오랜만에 한없이 달려본 사람처럼
짬뽕 한 그릇을 다 비우고 싶어진다
교정을 마치고 문학과경계를 내려와
학교 앞을 지나
골목을 빠져 나오려다 검은 틀에서
황금잉어빵을 뒤집는 아저씨 앞에 선다
마침 방학이라 잠시만 기다리면 된다고
평소엔 기다리는 사람도 굽는 사람도 힘든 시간이라고
시계를 들여다보니 꿈쩍도 않는 오후 네 시
시계를 흔들어도 보고 밥을 줘본다

꼬무락대는 황금잉어의 비늘을 가만히 다독였더니
숨을 거둬가버리는 오후 네 시
황금잉어와 물살을 가를까 했던 운동장에 경계가 설 시간
잠깐 아무것도 아닌 일로
목이 멘 마음에 경계를 세울 시간

유리병 고양이

들어가겠다는 건지
나오겠다는 건지
고양이 한 마리 병에 머리를 넣고 간다
아니다 머리에다 병을 넣은 것이다

어느 곳에도 부딪히지 않은 병은
고양이의 목을 고요히 감싸고 있다
밤에는 전구 불빛이 걸어다니는 것 같다

유리병 고양이는 숨이 찰 때마다
숨을 덜 쉬어야 살 수 있다는 걸 알았다
유리병을 깨면 살 수 있겠다고 사람들은 입을 모았으나
이미 고양이는 나무 위로 올라가 숨어 살고 있었다
나무를 베면 고양이를 살릴 수 있을 거라 입을 모았지만
나무는 주인이 있었고 마침 주인은 없었다

배가 고플 것이지만
만족스러워할 수도 있었다
병 안의 옹색도 나쁘지 않을 것이라고 나는 중얼거리지만
사람들이 듣지 못할 정도로 나지막했다

며칠 후 아직 동도 트지 않은 새벽
유리병 하나가 발견되었다
유리병 안에 아주 완벽하게 고양이가 들어가 있었다
차라리 세계 속으로 들어갔다

제4부

있고 없고

혼자 보내서 어떡하나 했다
가는 것은 가는 것이나
가고 마는 것은 또 어쩌나 했다

안경을 걸치거나
눌러 쓴 글씨는
자국이라도 남기겠지만
그러겠지만

지나는 것은 지나는 것이리

보이지 않는 것은 애써 덮은 것이리

있고 없고를 떠난 세상으로
또 오지 않을까 했다

찬란을 만들지 않을까 했다
슴슴한 눈발이라도
서랍 속으로 뜨겁게 서랍 속으로 내리지 않을까 했다

무엇을 하는지도 모르면서

무언가 쑥 하고 몸에서 빠져나갈 때
스윽 할 때도 있고 흐응 할 때도 있고
굉장히 큰 것이 기관을 거치지 않고 맥없이
흘러나갈 때가 있단다

옷으로 스며들어 얼룩을 만들 때 있단다

열려 있는 문틈으로 바람이 들어와
가만히 앉은 등을 째고 속엣것을 꺼내갈 것 같을 때
문짝만 한 바람이 내 등 뒤를 떠민 것뿐인데
등 전체가 흐느끼고 있음을 알 때도
실은 찔끔 혹은 호로록 새나가는 것이란다

바람에 천막이 열리고 닫힌 것뿐인데
 그사이 기억조차 내가 그어놓은 막을 빠져나가버리면
 허물만 두고 모두 끝나버리는 건 아닌가 싶단다

아찔하지만 그래도 괜찮단다
지나가는 것은 아픈 것이 아니란다

세상 모든 끝나버리는 것을 몰랐던 몸을 버리고
한 칸씩 한 칸씩
무수한 뒷날의 모두를 놓친 정신은
사방이 흰 방
그 뒷방에 모여들어 똬리 틀고 안정한 한 시절을
지낸단다

겨울의 심장

추워지면서 동네에 거울이 하나 버려졌어요
꽁꽁 언 거울이었어요
거울 속에 숲이 있을 거라 믿는 사람들이
그 숲을 달리면 싱그런 세계가 있을 거라 믿는 사람들이
집으로 거울을 옮기네요

그러나 누구나 집에 들였다가 다시 내놓게 되는 거울 하나
들고 갈 때는 늘 수평으로 옮겨지지만
버릴 때는 벽에 기댄 채로 버려져 물을 흘리는
그러나 항상 밤에만 옮겨지는 거울

왜 거기 있느냐며 말도 걸지 않고 슬며시 옮겨지는 거울의 앞면과
왜 그렇다고 이유도 대지 않고 슬며시 버려지는 거울의 저편
틀 없는 한 장의 거울은 무슨 이유로인가 무슨 힘

으로인가
　봉긋하게 얼며 뼈를 기르네요

　어떡하나요
　수런거리며 이 겨울의 달과 봄을 비추는 거울을

　거울은 자신의 저편에 뾰족한 끄덩이가 있다고도 말하지 않네요
　기우는 쪽으로 스며들었다 어느 방향으로 튕겨질 뿐

　그렇게 녹고 어는 사이 차가운 것이 찬 것으로 덮이는 사이
　나는 손을 넣어 팽팽히 언 채 거울을 받치고 있는 뼈를 빼내려 해요
　풍경의 심장에 찔리지 않으려고 조심하면서

　모른 척해야 하나요
　수런거리며 겨울의 심장에 가득 들어찬 이 달과 봄을

길을 잃고 있음에도

맞은편에 오는 차와
내가 타고 있던 차가 부딪칩니다
그 순간 세상 어디에선 밀감이 쏟아지고
서쪽 하늘로는 아라베스크 문양이 솟구칩니다

차를 멈춘 채
중앙선에 걸쳐 있는 나는 할 말이 없습니다

앞을 보아야 했으나 옆을 보았습니다
비로소 당신을 태우고서야 당신을 넘은 겁니다

그날 후로
내가 달려온 차선 쪽으로만
아카시아가 떨어집니다

아카시아를 받아내야 할 것입니다
묵직묵직 떨어져 길가에 흐르는 이 아카시아를

넘지 않으려 밟지 않으려 애쓰다 휘청였던
힘의 불균형에게

괜찮다며 괜찮다며

뚝뚝 떨어져 아카시아가 덮으려는 것은
일말의 사건만이 아닙니다

굵은 서리
―― 헤르체고비나 모스타르의 다리

흐린 날은 흐린 날로 어쩔 수 없어서
조금 더 서성이는데
한 사내와 여인이 구두가게 앞에 서 있다
밖에 내놓은 검은 구두들에 어느새 눈발이 흐릿흐릿

여인이 구두 한 짝을 들어 올려
두 눈과 두 손마저 없는 사내 앞으로 내민다

사내는 뭉툭 잘린 손목으로 구두의 코를 더듬어본다
그사이
사내도 못 느끼는 사이 구두 위의 눈송이가 지워진다

지뢰를 껴안은 것이 이 사내일까
아주 오래전 지뢰를 껴안으며
그렁그렁한 눈으로
한 사람을 바라보던
한 소년이 있었다는 이야기를 읽으며 밤을 지새웠다

괜찮은 것은
괜찮은 것은
그 소년은 어떻게든 살아 사내가 되었으리라는 것

눈은 더 내릴 것이지만
처참하게 녹을 것이란 것
신지도 않은 채 젖어 있는 새 구두를
아무도 사가지 않을 것이란 것

나는 아프지도 않으면서 조금 아프다고 쓰려고 한다

열차 시간표

막차를 기다리며 시간표를 올려다 본다

문적문적해진 시간들이
시간표에 적혀 있다

금이 가기 시작한 것일까
시간을 되돌리려 몸을 비트는데
자신의 혈관에 스스로 부딪혀 금이 간 것일까
시각표 한 귀퉁이에 생긴 균열

그 틈에 나방이 앉아 있다

기차에 올라 사무치게 울었던 시간도
간간이 그 이유를 물었던 시간도
펜 뚜껑을 열자마자 질질 흐르는 잉크처럼
용케도 이유가 찾아지지 않았던 시간에도 금이 가
있다

누군가도 등짝 잃은 사람처럼 아무 멱살에 안겨
어디 뜨거운 굴속으로 폭풍 속으로 들어가자 했을까
그곳이 막다른 시간의 저곳이어서 틈은 벌어졌을까

시간 사용자들의 균열을 받아내고 있는
저 시간의 못들

마침내 그곳에서 눈이 멀게 된다면

글자와 글자 사이가 이유 없이 벌어진 것처럼
배가 고팠다
눈이 내려서
하염없이 그림을 지워서 더 배가 고팠다

칼날의 방향처럼 고픈 것은 고픈 것이리
눈을 먹고 마음을 베였으니 고픈 것은 아픈 것이리

보름 동안이었다
고프고 아프고를 반복하며 눈은 내 키를 덮었다

이마에 이야기가 부딪히는 것과 같이
이 모든 환영은 늘어만 간다

한정 없이 눈이 내려서
마지막 장을 덮을 수 없어
붉어진 눈〔眼〕을 찔러 붉은 피를 뿌렸다

마음속에 불이 지나갔다

보름을 아팠으니 보름은 더 아플 것이다
이 진공을 붙들고
악의적으로 나는 나를 조금 더 아프게 할 것이며
이 세상의 심판을 찬미할 것이다

붉은 뺨

고가도로 위 쌩쌩 달리던 차들의 속도가 준다
밀리는 시간을 납득하고서야
트럭이 큰 짐 하나를 떨어뜨리는 바람에
차가 밀렸다는 걸 알게 된다
떨어지면서 자루가 터져 사태가 났다

흩어진 건 희기도 하고 붉기도 하고 더럽기도 한 물수건이다
왜 있지 않은가
식당에서 쓴물 단물을 닦거나
아니면 붉은 국물을 훔쳐 숨겨놓은,
밤사이 세탁하고 포장을 해서 음식점으로 날라져야 할 물수건

달도 지붕이거나 언덕이거나 다리 위에서
한쪽으로 쏠린 적 있다

물수건들이 목련 꽃잎처럼 떨어져 길을 망치는 바

람에
　창문을 열고 구경하는 사람들 때문에
　사내는 안전하지 못하다

　고가도로 한쪽에 세워진 트럭 안에서
　아내와 아내의 품에 안긴 어린아이가
　먼저 가지 못하고
　먼저 가지 못하고
　흩어진 물수건을 줍느라 뺨이 붉어진 사내를 돌아
다보고 있다

불량한 계절

— 준이가 나보고 연락하지 말라더라.

그도 그렇게 말한 이유가 있을 것이다

— 근데 너는 왜 내가 전화를 하면 아무 말도 안 하냐.

네가 나에게 그렇게 묻는 데 이유가 있는 것처럼

얼마 동안 그는 아무 데서나 전화를 걸어왔다
공중전화로 전화를 걸기도 하고
지방의 먼 어디이기도 했으며
심지어는 모르는 사람의 전화를 빌려 전화를 걸어 달라고 했다

— 이 분이, 친구 분께서 전화를 받지 않는다고 해서요, 잠시만요

그렇게 연결이 되어도 나는 고약하게도

어, 어, 어, 하고만 전화를 받았다
응, 응, 응, 하지 않은 건
귀로부터 멀리 전화기를 떼어놓았기 때문이었다

그래도 다시는 전화하지 말라 할 수 없었던 것은
그 소리에
사박하게 아무 말도 없이 전화를 끊을까 봐서

그 뚝 하는 소리를 듣고도 내가 다시 전화 걸 수 없게,
너는
불량한 계절의 어느 곳을 지나고 있어서

심해에서 그이를 만나거든

건너의 그이는 밖으로 나가지 않습니다
하는 일이라곤 잠을 자지 않는 일뿐

나는 내 쪽에 앉아 건너를 봅니다

건너의 기침 소리를 받아 적다
건너의 그림자가 내 방에 닿을 때면 피하고
건너의 의자 끌리는 소리에 놀라기도 합니다

나는 내 쪽에 앉아 건너의 냄새를 맡습니다
건너의 그이는
아무 일 없이 늘어져 바닥에 끌리고 있을 뿐

그는 여전히 그대로이며
검은 가방은 여전히 무겁고
그는 떠나지 않습니다

겨우 아는 체라도 하라고

나에게 부과된 저 그이에게
내 마음을 지껄이지 않겠습니다

이 심해 협곡에, 난데없이 해가 지려 하고 있습니다
맞추려고 할수록 부서지는 몸으로
살려고 할수록 나를 넘어서는 몸으로
나는 춥게 가라앉고 있습니다

봉지밥

봉지밥을 싸던 시절이 있었지요
담을 데가 없던 시절이었지요
주머니에도 가방에도 넣고
가슴팍에도 품었지만
어떻게든 식는 밥이었지요

남 몰래 먹느라 까실했으나
잘 뭉쳐 당당히 먹으면 힘도 되는 밥이었지요

고파서 손이 가는 것이 있지요
사랑이지요
담을 데 없어 봉지에 담지요
담아도 종일 불안을 들고 다니는 것 같지요

눌리면 터지고
비우지 않으면 시금시금 변해버리는
이래저래 안쓰러운 형편이지요

밥풀을 떼어 먹느라 뒤집은 봉지
그 안쪽을 받치고 있는 손바닥은
사랑을 다 발라낸 뼈처럼
도무지 알 길 없다는 표정이지요

더 비우거나 채워야 할 부피를
폭설이 닥치더라도 고프게 받으라는 이 요구를
마지막까지 봉지는 담고 있는지요

바람이 빈 봉지를 채간다고
마음 하나 치웠다 할 수 있는지요

밥을 채운 듯 부풀려
봉지를 들고 가는
저 바람은 누군지요

마취의 기술

저녁에 숙소로 돌아와 누우려는데
무릎이 쓰리다

낮에 사진을 찍겠다고 무릎을 꿇었나보다

무릎 꿇는 법을 아는 사람이었던가
시에게 사람에게 세상의 내침에 무릎 꿇은 적 있던가
어떻게라도 한번 무릎을 꿇었다니
가뜩이나 서어한 마음 괜찮지 않은가

설산을 넘는 밤길
옆자리에 누가 있어 무릎이라도 닿을 수 있어서
무장 긴 길을 갈 수 있다면 낫지 않던가

낯선 곳에 들어섰는데 자리에 온기가 남아 있다면
그래도 밤을 생각하면 낫지 않던가

왜
잊으면 낫지 않던가

진행의 세포

하루 한 개씩 도토리를 주웠다
그 가을이 다 몰려가기 전
몇 개의 도토리를 모을 수 있을까
계절과 내기했다

한 개의 도토리가
구멍을 가지고 있다는 사실에 뒤로 물러서며
구멍 안에 어떤 세계가 들어 있을 거라 짐작했다

하루하루 세계는 가벼워졌다
도토리를 감싸고 있는 천막도
윤기를 잃어갔다

안에 누군가 살고 있을 거라는 확신으로
머리맡에 두고 잠든 날은
안에서 꿈벅꿈벅 하는 소리를 들었다
창백한 안간힘 같기도 하였다

몸이 불어 구멍을 빠져나오지 못하면 어쩌나
가엾기도 하였고
둥그런 가방이 아늑해 나오기 싫으면 어쩌나
부럽기도 하였다

어느 날은
물성도 수평을 고집하는 날엔
설핏 도토리가 굴렀다
그럴 때마다 칠십 리 칠십 리 소리를 들었다

도토리 안에 분명 겨울이 들어 있을 거였다

주머니에 넣고 걸으며 도토리가 손에 잡힐 때마다
칠십 리 칠십 리
나도 따라 걸었다

|해설|

영혼의 두 극지 사이에 서 있는 사과나무

허 수 경

  영혼이 문제였다. 그 모호한 말, 영혼이 언제나 문제였다. 생신경학자들은 몸에 자리 잡은 영혼의 로케이션을 확인하기 위하여 실험실에서 그토록 많은 시간을 보내며 시인들은 거의 생을 건다. 문제라고 적었으나 그건 틀린 말이다. 문제가 아니라 축복이다. 그리고 영원히 빛이 들어가지 않아 사진을 찍을 수 없는 어느 오지를 향한 그리움이다.

0. 바람, 피치 못할 영혼의 일

  시인의 생애 속에서가 아니라 시인의 영혼 속에서 우리는 시인을 찾을 수 있다.   ——F. G. 로르카 이병률이 세계를 돌아다닐 때 시간은 세기말에서 또 다른 세기의 초로 접어들었다. 또 다른 세기가 시작되면서 테러와 전쟁은 더러는 보이는, 더러는 보이지는 않으나 존재하는 일상이 되었고 우리는 그 모습을 속수무책으로 바라볼 수밖에 없었다. 거대폭력이라는 문제를 사유하거나 이 세계의 지붕에서 살아가는 이들의 낯선 문화들을 구경하면서 세계를 방랑하는 일은 어떤 의미에서 세기의 전환을 살아내는 한 방식이었는지도 모르겠다. 해외여행이란 우리 세대에게는 오랫동안 금지된, 불가한 일에 속했다. 그리고 해외여행 제한이라는 굴절된 정치사가 만들어낸 언어도단의 폭력에서 풀려난 뒤 우리는 미친 듯 여행을 하기 시작했다. 금기가 풀리고 난 뒤에도 금기에 묶여 있던 습관은 남아 우리가 하는 모든 여행은 마치 금기를 어기는 것처럼 비밀스럽기까지 했다. 19세기에서 20세기로의 전환에서도 여행은 아주 조심스러운 테마였다.

  1890년에서 1910년 사이에 빈에서 활동을 했던 유럽의 예술가들은 마치 20세기의 모든 불행을 준비하기라도 하듯 전방위 예술 체계를 구축하며 작품들을 생산해냈다. 그리고 제1차 세계대전이 왔고 유럽에 일제히 불이 꺼지고 난 뒤, 그리고 그 전쟁이 끝나고도 몇 년이 지난 1926년에 아르투어 슈니츨러는 『꿈의 노벨레』를 쓴다. 그 소설에 등장하는, 빈에서 의사로 일하는 프리돌린은 빈의 미로에서 꿈 같은 일들을 만난다. 또한 그의 아내는 자신의 내면에서 꿈을 꾼다. 슈니츨러의 작품들이 '영혼의 풍경'을 그려내는 것이었을 때 빈의 미로는 한 인간이 떠도는 영혼의 미로이며, 한 인간의 내면 역시 여행지라고 우리는 생각할 수밖에 없다. 유대인으로서 세기말의 유혹과 허무와 금기에의 욕구, 광기처럼 돋아나는 내셔널리즘을 겪고 난 뒤, 그리고 세기말과 제1차 세계대전이라는 무지의 참혹을 겪고 난 뒤 그는 소설을 썼고, 나치는 그의 책들을 반독일적인 책, 풍습을 위반하는 책이라며 불살랐다. 꿈은 그러나 불 속에서 더욱 환하게 모습을 드러내는 것. 그의 주인공들이 경험했던 꿈속으로의 여행은 여전히 유효한 인간의 어떤 존재 방식을 극명하게 드러내준다. 어쩌면 그것은, 이병률식으로 말한다면, '끌림'의 문제이다. '끌림'은 불가해한 '영혼의 풍경'을 드러낸다. '끌림'은 또한 어떤 존재가 존재를 유지하려고 하는, 혹은 파괴하려고 하는, 혹은 그 두 개의 극적인 양상을 보듬어 안아버리는 음악 같은 것이다. 살고자 하는 눈에 보이는 죽음과 죽고자 하는 눈에 보이는 삶은 같은 그늘에 속한 두 몸, 그 두 몸을 자꾸 끌어당기는 끌림. 어쩌면 그의 여행을 이렇게 들여다보는 것은 부질없는 짓일지도 모르겠다. 그가 십여 년이라는 세월에 걸쳐 한 여행에다 떡하니 '끌림'이라는 제목을 달아두었을 때 전 세기에서 일어난 일과 지금을 비교하려는 일 자체가 코미디 같은 것일 수도 있다. 역사적인 시각은 어떤 순간 '끌림'의 도저한 끌림 앞에서 무장해제를 당한다. 그의 말대로 "시시한 게 싫다고 시시하지 않은 걸 찾아 떠나는 사람의 뒷모습은 상상만으로도 얼마나"(이병률, 『끌림』, 랜덤하우스코리아, 2005) 시시한가. 그러나 그는 여전히,

21세기 초를 살아가는 자발적인 여행자다. 자발성은 피치 못할 그의 영혼에서 나온다. 그에게 여행은 피치 못할 영혼의 일이다. 이렇게 절박한 여행의 사유가 있을까? 먹이를 구하기 위해 대륙과 대륙을 이동했던 고인류들의 절박한 사정만큼이나 절박하다. 또한 그의 여행은 결국은 집으로 돌아오는 고전적인 여행도 아니며 나를 찾아 떠나는 청년이 거쳐야 할 교양으로서의 여행도 아니다. 다만 영혼의 일이다. 영혼의 일은 먹이나 고향의 일만큼이나 설명하기가 쉽지 않다. 절박함은 설명할 수 없는 데서 나온다. 서울이라는 서러운 맘모스 도시에서 하고 많은 장소 가운데 "기차 소리를 들으며 살 수 있을까"(「밤의 힘살」) 해서 집을 얻는 사람. 그가 이렇게 쓸 때,

> 집에 가기 싫어 여관에 간다.
> 집을 1백 미터 앞두고 무슨 일인지 나는 발길을 돌려
> 1백 미터를 걸어 내려와 여관에 든다.
> 집에 누가 있는 것도 아니고
> 누군가 집에 없어 쓸쓸한 것도 아닌데

> 오늘도 난 여관 신세를 지기로 한다
> 〔……〕
> 창문을 열어도 옆 건물의 벽만 보이는 곳이
> 뭐 그리 엄청난 위안을 줄까마는 아무것도 없기에 동시에
> 모든 확률이 존재하는 여관, 방.
> ──「바깥」, 산문집 『끌림』에서

마음은 먹먹해진다. 이 글은 이렇게 계속된다. 혼자가 아니라는 위안을 주는 여관방에 더 있고 싶어서 이병률은 1박 더 할 수 있을까, 하고 아줌마에게 물으며 밖으로 나간다. 아줌마는 묻는다, 어딜 나갔다 오겠냐고. 이병률의 대답은 이렇다, "네, 집에 좀 다녀오려구요." 이 상태는 거의 병적인 상태다. 이 상태는 선택의 결과가 아니다. 고쳐 말하면 피치 못할 영혼의 일이다.

그의 사전 속에서 정처(定處)란 여행이며 집이란 여행과 여행의 와중에 잠시 들르는 곳인 것 같다. 그는 떠나는 자, 이별하는 자, 작별을 자책하는 자, 길 위에서 누군가와 마주치는 자, 살기로 작정했으나 죽음 가까이로 눈길을 주는 자의 모습으로 다가온다. 누군가를 한없이 기다리게 하는 자, 언제나 혼자인 자, 인연 맺은 모든 것들을 소중히 소중히 손으로 쓸어가다가 견딜 수 없어서 끝내 버리는 자의 모습으로도 다가온다. 그는 "모든 확률이 존재하는 여관, 방"에서 생의 대부분의 시간을 보내고, 그의 시들과

산문들과 사진들은 여관방에서 세수를 하고 이를 닦고 다시 거리로 나갔다가 주점에 들렀다가 기차를 타고 다음 여관방으로 들어가면서 씌어진다. 그는 일상을 여행하는 자의 마음가짐으로 살아내고 여행은 일상을 살아가는 자로서 하는 것 같다. 『바람의 사생활』(창비, 2006)에서 이병률이 "한 사내가 두 사내가 되고/열 사내를 스물, 백, 천의 사내로 번지게 하고 불살랐던/바람의 습관들"(「바람의 사생활」)이라고 말했을 때 불길하고도 어쩔 수 없이 아름다운 사내 간의 동병상련에 발목 잡혀서 시집에 동반했던 신형철은 "사내는 저 자신 바람의 혈육이라고 믿고 있는 것이다. '사내'라는 '서럽고도 차가운' 이름으로 불리는 이 세상 모든 사내들이 죄다 바람의 핏줄이라 믿는 것이다"라고 적었다. 그리고 세번째 시집. 첫 시집과 두번째 시집보다 훨씬 난만한 곡선을 지닌 시들이 가득한 이 시집에 묶인 시를 쓰면서 그는 사십에 접어들고 있다. "바람의 습관"이 잦아든 자리에 고여든 시들은 처연하고 오롯하다. 여전히 불분명하며 그윽하고 일촉즉발의 순간들을 여미고 여며 아주 오랫동안 달인 듯하다. 그리고 이병률이다. 세계가 저토록 불분명하니 말이 더뎌지는 순간들을 수없이 경험한 한 시인이다.

"매일 우주를 굴리고 있다고 믿은 햄스터가/실은 별만큼 먼 외로움을 향해 달리고 있다는 것을//그러니 터져버려/둥그렇게 쥐고 있는 손아귀의 외로움 따윈 또 무슨 소용인가"(「햄스터는 달린다」)를 읽어보자. 앞으로 나가는 것도 뒤로 돌아오는 것도 아닌 햄스터가 바퀴를 구르듯 제자리에 머물러 있는 여행. 그의 여행을 가능하게 하는 바퀴는 '슬픔의 바퀴.' 이 지상에서 태어난 한 존재가 손아귀에 둥그렇게 쥐고 있는 바퀴. 그런데 왜 이런 도저한 슬픔의 바퀴가 그의 손에 말려 있는 걸까? 21세기 초를 여행자로 살아온 자가 자신의 방 안에서 바퀴를 굴리는 햄스터를 보면서 자신의 여행, 그 결정적인 모습을 이렇게 적을 때 우리는 그가 여행에서 찍어온 사진을 바라볼 수밖에 없게 된다. 이 시간 동안 이병률이 카메라에 잡아둔 세계의 표정들은 우리들의 뒷골목에서 마주치는 풍경과 거의 다르지 않다. 카메라를 들고 있는 이는 자신의 뒷골목에서 마주칠 법한 인간의 표정에서 가장 친밀감을 느끼고 그곳에서 자신의 언어를 발견한다. 비밀스러움의 중심에 자신의 얼굴이 그래서 놓이게 되는 것이다. 그의 카메라에 의해 잡힌 순간과 순간을 살아가는 인간, 자연 풍광이나 문명의 뒤꼍에는 카메라를 들여다보는 한 인간의 눈이 있다. 바로 이병률의 눈이다. 그의 눈은 세계의 풍경이 자신의 얼굴과 가장 가까워질 때 언어를 발견해낸다. 자신을 끄는 것은 자신이다. 자신과 비슷한 것, 그의 영혼이 해독해낼 수 있는 세계 앞에서만 그는 사진을 찍고 오래 머금었던 말을 침통하게 적어 내려간다. 그렇게 멀리 떠나와서도 자신이

해독할 수 있는 풍경에만 눈이 가는 것, 그것은 햄스터의 여행을 완벽하게 실현하는 것이다. '슬픔의 바퀴'를 말아 쥔 영혼의 일인 것이다.

1. 거울과 나

고개를 든 것뿐인데
보면 안 되는 거울을 본 것일까
—「기억의 우주」에서

거울과 렌즈는 두 가지 사물이나 사실, 같은 것이다. 어떤 모습을 카메라로 잡으려고 하는 인간이 카메라 렌즈에 눈을 가져다 댈 때 렌즈 안에 들어와 있는 것은 그에 의해 선택된 것이다. 왜 이걸 선택하고 저건 선택하지 않는가? 결국 한 인간이 선택한 모습이나 순간은 그 인간을 말해주는 결정적인 열쇠는 아닌가. 이때 세계는 결국 자신을 비추는 거울인 것이다.

고개를 든 것뿐이었다고 그는 적었다. 그런데 "보면 안 되는 거울을 본 것일까" 하고 그는 물었다. 뭔가 금지된 것을 보거나 듣거나 한 인간들이 겪는 고초를 우리는 신화나 민담에서 너무나 많이 보아왔다. 금지된 방문을 열고 들어갔던 푸른 수염의 아내나 열지 말라는 상자를 연 판도

라나 먹지 말라는 능금을 먹었던 이브. 그녀들의 호기심은 금지를 거역했고 그 대가로 자신뿐 아니라 타인까지 곤욕으로 데리고 들어간다. 그녀들은 주어진 금지를 거역했으나 이병률에게는 그런 주어진 금지가 없다. 아무도 그에게 고개를 들지 말라고 하지 않았다. 또한 그에게는 금지된 것을 보고자 하는 호기심도 없다. 무심코 그는 고개를 들었고 보지 않아야 할 거울을 보고 만 것이다. 그 거울 안에는 무엇이 있었던가? 나를 바라보고 있는 나, '외부의 내부'인 나, 외부로부터 형성된 내부인 나? 이 말에는 여행이라는 길거리의 방을 오래 간직하고 살았던, 그리고 평생 그 방에서 나오지 않으려고 작심한 자가 존재 형성의 근원을 오랫동안 사유한 흔적이 들어 있다. 언제나 카메라를 들고 렌즈를 통하여 세계의 표정과 인간과 짐승, 신의 표정을 바라보았던 이병률에게 거울은 맨눈과 마찬가지다. 어쩌면 그는 거울 속에서만 타자뿐 아니라 자신을 찍어내는 내면의 습관을 익혀왔는지도 모르겠다. 습관만큼 기이한 벗은 없으며 습관만큼 한 인간을 정의해주는 틀은 없다. 모든 습관에는 한 인간의 기억이 똬리를 틀고 있다. 저녁에 숙소로 들어와 누우려는데 문득 무릎이 쓰리다는 걸 그는 알아챈다. 낮에 사진을 찍겠다고 무릎을 꿇었던 까닭이다(「마취의 기술」). 그 순간 그의 생각은 계속된다.

설산을 넘는 밤길

옆자리에 누가 있어 무릎이라도 닿을 수 있어서
무장 긴 길을 갈 수 있다면 낫지 않던가
　　　　　　　　　　—「마취의 기술」 부분

　누군가를 한없이 곁에 두고 싶어 하나, 문제는 "누구나 죄진 사람같이 지게로 태어나/죄처럼 업혔던 시절이 있었다//업힌 것이 날개인 줄 알고/퍼드득퍼드득 살려고도 하였다"(「바람의 날개」)라고 말하는 이병률에게 있다. 어느 장소에 뿌리를 내리고 사는 나무로 지게를 만들고는 그것을 날개로 삼아서 세계를 돌아다니는 자. 나무처럼 일생을 한자리에 머무는 생명에게서 날개의 탄생 기원을 보는 자가 '죄'라는 말을 할 때 그 죄란 대체 무엇인가? 신파조로 말하면 태어나서 문제였던가.

　　고통스레 관계를 맺은 기억들,
　　기억의 매혹들이
　　마지막인 것처럼 몰려오고 있다
　　[……]

　　소멸하지 않는 기억의 우주를
　　쌓이고 쌓이는 외부의 내부를
　　어쩌자고 여기까지 몰고 와서는
　　안정하지 못하는 것일까

해를 보면 어두워지는

달을 보면 환해지는 기억들은

왜 적막하게 떠돌지 못하고

우주에 스미는 것일까 ──「기억의 우주」 부분

    모든 생명은 선택할 여지 없이 생을 받는다. 생의 가장 어려운 지점은 이 원초적인 수동과 무의지에 있다. 아무도 나에게 물은 적이 없는데 나는 태어난다. 살아간다. 그리고 생명을 관장하는 마지막 외부이자 절대적인 권위는 죽음이다. 죽음을 극복하는 자리에 수없이 많은 사람들은 종교를 두었으나 시인은 그럴 수가 없다. 시인의 생명을 관장하는 마지막 권위는 죽음이 아니라 시인의 영혼이기 때문이다. 이병률도 그 점을 너무나 잘 알고 있는지라 그의 산문집에서 이렇게 적었다.

    태어난 건, 우연의 힘에 의해 태어난 것이므로 기억될 가치가 적지만

    한 사람이 세상을 살았고 그렇게 떠나는 것은

    인류에게 더없이 기억되어야 할 가치가 충분하므로

    일일이 그 날짜를 기록하고, 기억하는 것이라고 너는 말했다. ──「따뜻한 기록」, 『끌림』에서

'외부의 내부'로 시작된 생, 그 희극을 시인들은 여러 형태로 저항하지만 이병률의 영혼은 여행과 기록을 저항의 방편으로 삼은 것 같다. 그리고 무수한 여행과 여행을 겪으면서 기록과 기록 사이를 서성이면서 그 본능적인 저항조차도 '외부의 내부'라고 여겨지는 순간, 그는 여행지에서 돌아와 "빨래를 한다/가을이 와서 부엌 불을 켜고 국수를 끓이다가/움켜쥔 것들이 손가락 사이로 빠져나가도록 내버려둔다"(「일말의 계절」). 부엌 불을 켤 시간은 저녁 때, 바야흐로 달이 뜨는 시간. 그는 먹이인 국수를 끓이고 그가 모아온 기억은 "적막하게 떠돌지 못하고/우주에" 스민다. 그리고 거울을 볼 때. "늘어진 것이 아닌/흰 것들의 우아함은/죄의 방향"을 닮아 있으며, "어느 근원을 향해 차려진/아주 오래된 광기"(「망가진 생일 케이크」)가 거울 안에서는 어른거린다. 그 거울 안에 든 남자, 그는 이병률이 아니라 이병률을 끌고 다니는 무엇이다.

2. 나를 여럿이게 하는 전생과 당신

한 번 보았기 때문

심장에 담았기 때문

—「절연」에서

그를 붙들고 있는 우주에 스미는 기억은 현생에서의 삶이 만들어낸 것 같지는 않다. 그 기억은 전생에서 만들어진 기억 같다. 지난 시집 『바람의 사생활』에 실린 「저녁의 습격」에 등장하는 나는 "혼자이다가 내 전생이다가 저 너머인 당신"이 된다. 저녁이 밀려오는 도심에서 나의 전생이기도 한 나와 약속을 하고 나와 함께 밥을 먹으러 가는 그에게 전생은 이데올로기에 오염되지 않은 거의 실존의 문제에 속한다. "몸피는 하나인데 결이 여럿인 것처럼 이 사람을 귀신이라 믿어 세월을 이겨야 할 때도 있는 거지요 [······] 두 개의 달걀을 섞어놓고 섞어놓고 이게 내 맘이요 저것이 내 맘이요 두 세계가 구르며 다투는 형국"(「마음의 내과」)인 것이다. 결국 떠나는 나도 일하러 가는 나도 "절반의 나를 집에 놔두고 간다"(「생활에게」). 더 나아가 "반죽만큼 절반을 뚝 떼어내 살다 보면/나는 어디에 있는 것이 아니라/어느 곳에도 없으며//그리하여 더군다나 아무것도 아니라면 좀 살 만하지 않을까"(같은 시)라고 그는 말한다. "이러니 정작 내가 사는 일은 쥐나 쫓는 일이 아닌가 한다/절반으로 나눠 살기 어려울 때는/내가 하나가 아니라 차라리 둘이어서/하나를 구석지로 몰고 몰아/붙잡을 수도 있을 터이니"(같은 시)라고 끝을 맺는 이 시를 읽으면 포르투갈 시인 페소아가 한 말이 생각난다. "우리는 우리 자신을 절대로 실현하지 못한다. 우리는 두 개의 바닥이다──하늘을 바라보는 한 우물이다." '나'라는 것이

통제하지 못하는 또 하나의 '나'는 생활을 집어치우고 싶어 한다. 떠나고 싶어 한다. 그런 '나'를 나는 쥐를 쫓을 때처럼 구석지로 몰아 통제하고 싶어 하지만 동서고금을 막론하고 내 속에 든 또 다른 나를 음전하게 보존하는 것이 어디 쉬운 일이었는가. 저 많은 고행승들과 행려자들이 이 지상에서 아직도 어슬렁거리는 것은 그 때문일 것이다. 이 시집에는 이병률이 쓴 시가 있고 이병률의 또 다른 내가 쓴 시가 있으며 이병률과 이병률의 또 다른 나를 사유하는 '내'가 쓴 시가 있다. 이병률이 이병률로 쓴 시에서 그는 문상을 가고 사과나무를 사러 가고 어두운 밤에 구걸하던 이를 피하고 피하던 자신을 자책하다가, 결국에는 차에 치여 죽은 고양이 주변으로 모여든 어린 고양이들이 혀로 시체를 핥아주는 것을 보기도 한다(「불편」). 출판사 '문학과 경계'에 들러서 커피를 마시기도 하고(「화사한 비늘」), 시인의 집에 들르기도 하며(「시인은 국경에 산다」), 늦은 밤 술집에서 나오다가 마늘 찧던 손으로 꽃다발을 끌어안고 나오는 술집 주인 할머니를 보기도 한다(「온다는 말 없이 간다는 말 없이」). 그가 또 다른 자신을 한 구석지로 잘 몰아놓았을 때,

다른 데 가지 말고
집에 가라는 할머니의 말

신(神)에게 가겠다고 까부는 밤은
　　술을 몇 잔 부어주고서야
　　이토록 환하고 착하게 온다
　　　　　　—「온다는 말 없이 간다는 말 없이」 부분

"환하고 착하게" 밤이 오는 것이다. 하지만 그럴 수 없었을 때, 또 다른 내가 내 안에서 들썩이며 나를 밀치고 나올 때 다음과 같은 시가 씌어진다. 내 속에 있는 나는 거의 폭력적으로 나를 뚫고 온다. 내 속에 있는 또 다른 나를 인식하는 이 불운한 상태는, 내가 당신이고 전생인 이 불길한 상태는 많은 이들을 거리로 몰았고 또 몰아낼 것이다.

　　그날도 어느 깊은 밤이었다
　　그 시간이면 늘 꺼져 있던 기차 건널목 막사 안에서
　　어떤 안간힘이 들려왔다
　　밖에서 뭔가를 던졌는지 막사 창문이 뚫려 있고
　　그 안을 들여다보니 어둠 속에서
　　누가 누군지 분간이 어려운 두 몸뚱이가 사투를 벌이고 있었다

　　엉망으로 뒹구는 두 사내를 겨우 말리고
　　더듬어 불을 켜려는 사이
　　어둠 속으로 도주하는 피의(被疑)의 사내

유리 조각을 밟아 피를 흘리던 맨발의 건널목지기가
달아나는 사내를 쫓기 시작했다

[……]

세 사람이 마주친 것은 없던 일로 하자는데
그 밤의 철길로부터
모진 밤의 힘살이 나를 자꾸 덮쳤다
　　　　　　　　　　　——「밤의 힘살」 부분

　시인의 의도와는 상관없이 이 시는 어떤 깊은 마음의 그늘이 만들어낸 한 장면으로 읽힌다. "기차 소리를 들으며 살 수 있을까" 해서 집을 얻었다는 사내가 있다. 그는 밤을 좋아한다. 산책을 나간다. 그리고 두 사람을 만난다. "누가 누군지 분간이 어려운 두 몸뚱이가 사투를 벌이고 있"다. 싸움을 말리고 불을 켜려고 하는데 한 사내는 도망을 가고 다른 사내, 건널목지기는 도망가는 사내를 뒤쫓는다. 다시 돌아온 건널목지기. 나는 그 분란으로부터 멀어지기 위해 그 자리를 떠나간다. 그리고 "세 사람이 마주친 것은 없던 일로 하자는데" 그 철길로부터 밤의 "힘살"이 나의 뒤를 따라온다. 한 사내와 건널목지기, 나가 마주치는 이 밤. 건널목지기라는 인상적인 직업을 가진 한 사내가 그 밤에 막사를 침입한 다른 한 사내와 싸우고 나는 그 싸움의 목격자가 되는 이 시를 읽다 보면 이 세 사내가 다 한 사내, 즉 '나'의 변형으로 읽힌다. 나와 전생의 나, 그리고 저 너머인 당신, 이 셋은 기차 건널목 막사 안에서 만난다. 얽힌 두 몸뚱이를 떼어놓고 보니 한 몸뚱이는 달아나고 다른 몸뚱이는 달아나는 몸뚱이를 뒤쫓는다. 남겨진 나는 이 분란으로부터 멀어지고 싶어서 그 자리를 떠나지만 밤의 힘살은 나를 뒤쫓는다. 나는 나를 작살내고 나와 사투를 벌이고 나는 나와 내가 벌이는 이 사투에서 벗어나고 싶다. 하지만 밤은 언제나 나를 쫓아온다. 뒤쫓아오는 밤은 그의 영혼을 재촉해서 길을 나서게 하지만 그 영혼의 소유자인 시인은 언제나 떠나는 것이 미안하다. 그는 '당신'에게 미안한 것이다. 그가 '죄'라는 말을 할 때 나는 그 말을 "바닥없는 미안함"으로 해석한다. 그 "바닥없는 미안함"을 다정한 가슴에 안고(이병률의 시에서는 나희덕이 표현했듯, "한술 뜨고 가라고, 그 정갈한 밥상으로 이끌어 말없이 수저를 건네는" 눈길이 들어 있다), 이병률은 거리에서 이런 시를 쓴다.

　　가볍게 입김으로 용서해다오
　　발정 난 종아리에
　　가볍게 입김을 부어다오

    잘못과 방랑과
    아무것에나 아무한테나 아니다라고 말 뱉은
    내 사막을 끝나게 해다오   ——「입김」 부분

  용서해달라고, 발정 난 종아리를 용서해달라고, 잘못과
방랑, 그 사막을 끝나게 해달라고 그는 말한다. 누구에게?
도대체 누가 방랑의 종아리를 용서할 수 있겠는가? 그리
고 그것이 용서하고 말고 할 일에 속할까? 하지만 그는
용서해달라고 말한다. "한 번 보았기 때문/심장에 담았기
때문"(「절연」)이다. "눈에 서리가 내려도 시리지 않으며/
송곳으로 찔러도 들어가지 않는 것은/볼 걸 다 보아 눈을
어디다 묻었다는 것"(같은 시), 그것 때문이다. "지독히
전생을 사랑한 이들이/다음 생에 앞을 못 본다 믿"(같은
시)기 때문이다. 또한 "얼은 영혼이란 뜻이라니/굴이라는
말이 길이라는 뜻이라니//세상 모든 나머지를 파는 편의점
에 가서//조금만 틈을 맞추고 와야겠다/세상 끝을 마주하
다가 낯을 씻고/아주 조금만 인사를 하고 와야겠다"(「얼굴
을 그려달라 해야겠다」)의 전생을 기억하는 지독함 때문이
다. 지독한 텍스트들은 전생의 기억까지를 담아내고야 만
다. 하나 지독한 텍스트를 쓰는 자는 이생에서는 장님이
다. 이 장님이 세상의 지도를 더듬어 어딘가로 갔다가 다
시 돌아올 때 결국 쉴 수 없는 마음은 경계를 넘어선 불구
의 표정을 지니게 된다. 다음과 같은 마음의 표정. 시인의

직업병 가운데 하나인 만년소년증후군의 표정:

> 마음이 정한 굴레방 다리는
> 내가 터를 잡은 곳으로부터 북쪽에 있어야 하고
> 아무리 맘속을 헤집어도 찾을 길 없어야 하고
> 선뜩선뜩 무슨 일이 일어날 듯이 바람 부는 곳입니다
> ——「굴레방 다리까지 갑시다」 부분

 악공들이 흔히 장님이 되듯, 아니 장님이 되어서야 악공의 길을 가듯, 불구가 되어 부르는 노래들은 아름답고 불길하다. 마치 성년이 되기 전 거세를 당하여 영원한 사춘기의 소년으로 살아야 했던 바로크 시대 오페라 가수처럼 불구로 혹은 불구를 자청하고 그는 세계를 떠돌았던 것 같다. 그것이 여행이라는 이름으로 불리든 삶이라는 이름으로 불리든 소년은 세상으로 나아가고 은둔은 그때, 시작된다.

3. '울기 좋은 방'

> 죽음의 기미를 받아들인 꽃의 허리
> ——「거대한 슬픔」에서

그의 방 이야기를 해보자. 은둔의 시작이자 종착점인 한 인간의 방에 대해서 말해보자. 이 세계에 그렇게 많은 여관과 호텔을 알고 있는 이병률의 방은 어떤 모습일까? 그는 아주 자주, 하루 동안만 어떤 방의 소유자였다. 내일이면 열쇠를 내놓고 나와야 하는 방. 그의 첫 시집 『당신은 어딘가로 가려 한다』(문학동네, 2003)의 해설을 쓰신 최하림 선생은 다음과 같이 적어두었다.

여기서 우리가 짚고 넘어가야 하는 것은, 이병률의 시적 주인공이 아파트(혹은 연립주택)에서 홀로 살고 있는 자일 뿐 아니라 이병률도 옥탑방에서 홀로 사는 독신자라는 사실이다. 그는 조선족 여인처럼 일을 나갔다가 밤 늦게 돌아와 방에 불을 켜는 날이 많다. 방에 불이 들어오면 방의 윤곽은 드러나지만 아무것도 존재하지 않는다. 방은 비어 있다. 그 방에는 그를 보아줄 존재가 없고, 결국 그 역시 존재하지 않는다. 그 자신, 허상에 불과한 것이 된다. 결국 이병률의 시는 (아니, 시라고 하는 것들은 모두) 텅 빈 방에서 어떤 모습을 보고 어떤 소리를 들으려 하는 허무의 놀음에 지나지 않는다. <u>빈 방은 빈 거울에 지나지 않는다.</u> (pp. 132~33. 밑줄은 인용자)

네가 묶여 있다
의자에 있다

눈 내리는 천장 없는 방에
별이 가득 차고 있다

화살나무가 방 안으로 자라기 시작한다

너도 나도 며칠째 먹지 않았으니
이 모든 환영은 늘어만 간다

이리도 무언가에 스며드는 건
이마에 이야기가 부딪히는 것과 같다

묶어둔
너를 들여다보는 동안
나는 엎드려 있다

나는 너에게 속해 있었다 　　—「울기 좋은 방」 전문

　그의 방에는 보라, 나인 네가 있다. 의자에 묶여 있는 너. 천장 없는 방, 눈은 내리고 별이 가득 차고 화살나무가 방 안으로 자라는 환영들, 텅 빈 위장. 나는 너를 한없이 들여다본다. 이 '울기 좋은 방' 안에는 천장이 없으므로 눈이 내리는데 별이 가득 찬다. 눈이 내리는데 별이 보일

리 만무하겠으나 내리는 눈이 별로 둔갑하는 이 환영을 누구도 막지는 못할 것이다. 그 방은 여관이거나 정처로 정해놓은 곳이거나 아니라면 그가 속으로 지니고 다니는 방 한 칸이겠지만 어쩌면 그 방만이 그의 존재의 침실일 것이다. 영혼이 누워 있는 자리. 영혼이 무한정, 어딘가로 스며드는 자리, 그래서 "이마에 이야기가 부딪히는" 자리. 영혼이 쉬고 있는 자리는 결국 영혼의 무덤일 것이다. 무덤에서조차 도무지 휴식이 허락되지 않는 것이 또한 영혼의 일일 것이다. 마치 "밖에는 천국이 지나가며 말을 거는데/당신은 그것도 모르고/눈 속에 파묻히는 줄도 모르고"(「삼월」) 지난한 휴식을 취하는 '울기 좋은 방.' 그 방은 심해이다. "불로 지져 떨어지지 않은 이 슬픔"(「거대한 슬픔」)이 출렁거리는, 그 심해 안에서 납작 엎드려 "죽음의 기미를 받아들인 꽃의 허리/핏기와 살기/사랑의 숨을 받치고 있는 팔뚝"(같은 시)이라는 바닥없는 슬픔을 응시하는 눈, 그 눈 속에 이병률의 시는 살고 죽는다.

  나는 안에 살고 있다
  한시도 바깥인 적 없는 나는
  이곳에 있기 위하여
  온몸으로 지금까지 온 것인데
  　　　　　　　　　　　　──「이 안」 부분

하나 세상은 그에게 자꾸 문자를 보내어 안에 있느냐고, 그 안에 있는 이가 당신이냐고 묻는다. 그는 삶이 여기에 있으라, 했다고 하지만 과연 '삶'이라는 것이 생의 결정적인 명령을 할 수 있는 주체인지는 잘 모르겠다. 그 '삶'이라는 방. 빈방, 빈 거울 속에 서 있는 나와 거울 속의 나를 묻고 또 묻는 긴장 속에서 한 청년은 장년이 되어버린다. 삶은 계단 위에, 내려가야 할지 올라가야 할지 모르는 지난한 계단 위에 서 있고 내가 사는 방은 빈방이며 빈 거울이며 문득 내가 그 방으로 들어가면 그 안에 나인 '네'가 묶여 있다.

4. '모독'과 '찬란' 사이에 서 있는 사과나무의 만유인력, 그건 역시 끌림

그 새처럼 마른 이 못 보셨습니까
———「불편」에서

세 편의 시가 있다. 한 시의 제목은 '모독'이다. 그리고 다른 시의 제목은 '찬란'이다. 그리고 마지막에는 이 둘을 아우르는 만유인력의 '사과나무'가 있다. 첫번째 시는 「모독」이라는 참으로 기이한 시다. 이병률처럼 나직하나 이병률답지 않게 단호하며, 이병률처럼 처연하나 이 시 안에는 뭔가 다른 것이 있다. 먹는 것.

    내가 당신을 먹는 풍습에 관하여
    할 말이 있다면 당신은 해보라

    내가 끔벅끔벅하는 것은
    감정을 연장하자는 것도 아니고
    소리를 치지 못해서도 아니다

    암굴로 데려와 맨발로 당신을 먹는 것은
    극지에 모아둔 당신을 일으켜 살기를 채우는 것

    깜깜한 당신의 시간을 갈아엎는 것은
    환멸의 **뼈**를 발라 거는 것

    먹으면 죽어서 달의 빛이 되고
    당신의 비명으로 출처가 남겠지만

    당신은 낡아가야 하리라
    너무 많은 절박조차도 마르게 했으므로

    그러나 끝도 없이 고단했던 당신의 몸

당신은 피할 수 없었으리라
　　존재하느라 몸을 떨어 감정을 파먹었던 당신을

　　당신이 숱하게 피를 먹던 기록을 지우는 것이니
　　내가 이리도 한사코 먹겠다는 것은 나란히 소멸하자는 것이다

　　그러니 당신은 찢기면서도 그리 알라
　　　　　　　　　　　　　　—「모독」 전문

　도대체 누가 누굴 먹는 걸까? 한 자아가 다른 한 자아를 먹어 치우는 카니발리즘의 풍경이다. 그리고 그 장소는 인류 시원의 벽화가 그려지곤 하던 암굴이다. 당신을 모아 온 곳은 지금까지 인간을 거부하고 영원한 원시로 꽁꽁 얼어붙어 있는 극지. 당신을 먹는다. 당신을 먹는 일은 '풍습'이며 그리고 '모독'이다. 그런데 그렇게 알라고 설움을 단단하게 뒤로한 채 단호하게 이병률은 말한다. 이 시에서 '당신'이라고 불린 이는 아마도 자신일 것이다. 아마도 자신을 먹는 이는 자신일 것이고 그 일은 "환멸의 뼈를 발라 거는 것"이다. "너무 많은 절박조차도 마르게 했으므로// 그러나 끝도 없이 고단했던 당신의 몸," 당신은 "존재하느라 몸을 떨어 감정을 파먹었던 당신"이다. 당신은 "숱하게 피를 먹던 기록"을 한 이고, 그리고 내가 당신을 먹는 일

은 "기록을 지우는" 것이며, 왜 내가 당신을 먹는 것을 고집하는가 하면 "나란히 소멸"하고 싶어서이다. 그러니 그렇게 알라, "찢기면서도" 그렇게 알라. 당신을 먹으면서 그렇게 말하는 내 입술에는 "피를 먹던 기록"이 없는가. 사실, 당신을 먹어 치우면서 나는 "숱하게 피를 먹던 기억"을 다시 만드는 것이다. 기록을 없애자 하며 당신을 먹는데 내가 당신을 먹는 것을 나는 기록한다. 나란히 소멸하고자 이 카니발을 벌이는 것인데 기록은 당신이 아닌 내가 생산해낸다. 지난한 일이다. 기록을 지우는 일이 다시 기록을 만들어가는 것이고(이 시가 바로 증거물이다. 나는 당신을 먹고 난 뒤 피 묻은 손으로 혹은 피 묻은 심장으로 이 시를 쓴 것이다. 아니 심장으로 쓴 것이다. 다시 페소아의 말을 인용한다면 "심장이 생각을 할 수 있다면 심장은 조용하리"). 내면과 나, 세계와 나에게 영원히 놓여 있는 것은 불화이다. 그 불화를 해소할 수 있는 길은 먹어 치우는 일. 소멸은 당신만의 소멸이 아니라 나의 소멸까지도 담보한다. 그리고 그 소멸의 순간이 종이에 적히고 난 뒤 아마도 천체 운행이 몇 번 진행되고 난 뒤, 이런 시가 쓰인다.

  겨우내 아무 일 없던 화분에서 잎이 나니 찬란하다
  흙이 감정을 참지 못하니 찬란하다

  감자에서 난 싹을 화분에 옮겨 심으며

손끝에서 종이 넘기는 소리를 듣는 것도
오래도록 내 뼈에 방들이 우는 소리 재우는 일도 찬란이다

[……]

지난밤 남쪽의 바다를 생각하던 중에
등을 켜려다 전구가 나갔고
검푸른 어둠이 굽이쳤으나
생각만으로 겨울을 불렀으니 찬란이다

실로 이기고 지는 깐깐한 생명들이 뿌리까지 피곤한 것도
햇빛의 가랑이 사이로 북회귀선과 남회귀선이 만나는 것도
무시무시한 찬란이다

찬란이 아니면 다 그만이다
죽음 앞에서 모든 목숨은
찬란의 끝에서 걸쇠를 건져 올려 마음에 걸 것이니
—「찬란」 부분

  이 무시무시한 '찬란'의 세계는 믿을 수 없다. 이 찬란을, 혹은 찬란의 순간을 경험했다고 말하는 내면은 "무시무시한" 순진함에서 나온다. 삶의 지혜에 가까운 이런 언술은 거의 깨달음의 순간을 구술하는 승려의 새벽에 나오

는 것이지 "내 뼈에 방들이 우는 소리 재우는 일"에 시달리는 인간이 할 수 있는 것은 아니다. 그런데 왜 그는 눈물을 머금고 이런 시를 쓰는 것일까. 찬란 앞에서 더없이 부신 눈을 감지 않고는 어떤 길을 넘어갈 수 없으리라는 자기방어의 무의식 때문인가. 찬란 뒤에 도래할 환멸의 시간들에 대한 대비인가. 삶의 순간에 이런 이들을 놓쳐버린 자책인가. "아무것도 주지 못했습니다/하여 여태 서늘한 내 왼쪽을 데워줄/어제 늦은 밤길 구걸하던 이/맵게 손목을 잡아 골목으로 끌고 가/이 어쩔 줄 모르는 삶의 방도를 조용히 물을/그 새〔鳥〕처럼 마른 이/못 보셨습니까"(「불편」). "죽음 앞에서 모든 목숨은," 괴테가 죽음의 침대에 누워 말한 것처럼 "더 빛을 더 빛을 다오"라는 말을 할지도 모른다. '찬란'이라는 빛의 세계를 오랫동안 그리워했으나 빛의 세계가 가진 야만스럽고도 쿨한 무인성(無人性)을 경험한 많은 이들은 어쩌면 빛이 절약되는, 빛의 광휘가 너무 많은 그늘을 지우지 않는 순간을 그리워할지도 모르겠다. 예를 들면 이런 세계.

숲과 대문, 그 사이에 사과나무가 자라고 있었다 누구나 저 사과나무한테 빚진 게 있다 어디 먼 데서 오는 길이냐고 물어오지도 않고 낙과들을 지키고 서 있는 나무는 장엄하였다 그 나무 아래 누군가가 내려놓은 수많은 가방들이 있었다 누구나 들여놓아야 할 가방이 있다 ──「사과나무」 부분

만유인력이라는 것을 우주의 질서를 세우는 기본 질서라고 가정할 수 있을 때, 사과나무 밑에 가방이 사과처럼 떨어져 있는 것은, 세계의 모든 가방이 사과나무 밑에 있는 것은 '끌림' 때문이다. 끌림이야말로 이 우주를 지탱하는 완벽한 질서이다. 그 완벽한 질서 속에서 시는 생산되고 삶은 먹힌다. 삶은 어느 누구에게가 아니라 삶 자체가 먹어버리는 것이다. 삶이 삶의 위장에 갇힐 때 모든 불빛은 꺼질 것이나, "조각은 날카롭기보다 푸르렀다. 박히기는 좋으나 찌르기엔 부족한 조각은 턱으로 밝기를 받치고 있었다. 여태까지 본 모든 것을 기억하겠다는 것은 살아온 것보다 본 것이 더 단단하리란 것을 믿기 때문일 것이나"(「내가 본 것」)의 세계만이 남는다. 시다. 이병률이 쓴 "모호하게나마 마음이 간절해"지는 시다. 그리고 그것이 '찬란'이었고 찬란일 것이다.